中华爱国人物故事

ZHONGHUA AIGUO RENWU GUSHI

中国航天之父钱学森

郝普耀　编著

吉林人民出版社

图书在版编目(CIP)数据

中国航天之父钱学森 / 郝普耀编著 . -- 长春 : 吉林人民出版社, 2011.5

(中华爱国人物故事)

ISBN 978-7-206-07897-2

Ⅰ.①中… Ⅱ.①郝… Ⅲ.①钱学森(1911～2009) – 生平事迹 Ⅳ.①K826.16

中国版本图书馆 CIP 数据核字(2011)第 075721 号

中国航天之父钱学森

ZHONGGUO HANGTIANZHIFU QIAN XUESEN

编　著:郝普耀

责任编辑:孙　一　　　　　　　封面设计:七　洱

吉林人民出版社出版 发行(长春市人民大街7548号　邮政编码:130022)

印　　刷:鸿鹄(唐山)印务有限公司

开　本:670mm×950mm　　　1/16

印　张:8　　　　　　　字　数:70千字

标准书号:ISBN 978-7-206-07897-2

版　次:2011年5月第1版　　印　次:2021年8月第3次印刷

定　价:35.00元

如发现印装质量问题,影响阅读,请与出版社联系调换。

总 序

胡维革

　　《中华爱国人物故事》是一套故事丛书。它汇集了我国历史上80位古圣先贤、民族英雄、志士仁人、革命领袖、先进模范人物的生动感人史迹,表现了作为中华民族优秀传统的伟大的爱国主义精神。

　　爱国主义是人们对于"生于斯、长于斯、衣食于斯"的祖国的一种神圣感情,是人们对于自己民族的一种强烈的责任感和使命感,是感召和激励整个中华民族的一面永不褪色的旗帜。在漫长的历史上,爱国主义一直激励着中华儿女为祖国的独立、统一、进步和繁荣而英勇奋斗。从伟大的思想家教育家孔子到统一全国的千古一帝秦始皇,从秉笔直书著《史记》的司马

迁到鞠躬尽瘁死而后已的诸葛亮，从伟大的浪漫主义诗人李白到精忠报国的民族英雄岳飞，从七下西洋传播友谊的郑和到抗击倭寇的民族英雄戚继光，从苟利国家生死以的林则徐到为变法流血的第一人谭嗣同，从威震敌胆的抗联将军杨靖宇到人民音乐家聂耳与冼星海，从踏遍青山人未老的李四光到万婴之母林巧稚，从县委书记的好榜样焦裕禄到情系雪域献身高原的孔繁森……都表现出了强烈的爱国主义精神。正是由于热爱祖国的人们前仆后继地奋斗，国家和民族才得以生存，历经一次次历史危急关头而能转危为安，走向兴盛和富强，从而屹立于世界民族之林。爱国主义是鼓舞中华儿女历经忧患、跨越沧桑、百折不挠、自强不息的伟大力量，它贯穿于中华民族的整个历史，并有力地凝聚着五洲四海的中国人。

爱国主义是一个历史的范畴,在社会发展的不同阶段、不同时期有着不同的具体内容。革命时期,需要我们为祖国的独立自主出生入死;建设时期,需要我们为祖国的繁荣富强增砖添瓦;在全国各族人民团结一心建设富强、民主、文明、和谐的社会主义现代化国家的今天,我们要争做一名新时期的爱国者。新时期的爱国者要有强烈的民族自尊心和自豪感。民族自尊心和自豪感是任何时期任何爱国者都必须具备的情感。民族自尊心能增强我们自立向上的恒心,民族自豪感能树立我们建设祖国的信心。要树立"祖国高于一切"的崇高信念,为了祖国和人民的利益不惜抛却个人的利益,甚至不惜牺牲个人的生命。要树立终身学习的理念,拓

宽自己的知识面，广泛吸收新知识新技术，完善自身的知识结构，更新学习知识的方法与理念，从思想上、知识上充分武装自己，为祖国的繁荣昌盛贡献力量。

爱国主义思想的继承和发扬，是关系到民族盛衰、国家兴亡的根本问题。一代代人爱国主义思想情操的形成，需要不断地培养。培养爱国主义的一个重要途径是向爱国主义的英雄人物和典范事迹学习。这套丛书的出版，对于人们向英雄和先进人物学习，特别是对于在中小学生中进行爱国主义教育，将可提供一些生动的教材。祝愿此书出版发行成功，为培养"四有"新人做出贡献。

于 2011 年 4 月 23 日

世界读书日

中华爱国人物故事

目录
CONTENTS

目录
CONTENTS

家世深远　学问传家

1911年12月11日（农历辛亥年十月廿一），钱学森出生于浙江省杭州市，是独生子。

钱家是一个颇有社会声望的家族。据考证他们是吴越国王钱镠（852—932）的后嗣。宋代以来，特别是明清时代，钱氏家族曾出过众多的政治家、文学家和著名学者。即以当代而论，钱氏家族同样人才辈出，如钱玄同、钱穆、钱钟书、钱钟韩、钱三强、钱伟长、钱学森、钱正英、钱其琛等等，皆是其中翘楚。2008年诺贝尔化学奖得主钱永健，就是钱学森的侄子。

钱学森的祖父是钱镠的第三十二代子孙，和清末大商人胡雪岩同代，也是在杭州经商，以贩卖丝绸为业，手腕、魄力不及胡氏，家境还算宽裕。父亲钱均夫幼年时就得到了家庭良好的教育，长大后就读于杭州求是学院（浙江大学前身），是个品学兼优的学生。当时，杭州富商章氏很赏识钱均夫的才华，将自己多才多艺的爱女章兰娟许配给钱均夫，并资助他东渡日本求学。后来，钱均夫在日本接受了孙中山的民主革命思想，认识到不进行民主革命就不可能挽救中国。1910年，钱均夫毅然回国，在上海成立"劝学堂"，教授热血青年，投身民主革命。1911年、1913年钱均夫两次出任浙江省立第一中学(现杭州第四中学)校长，旋赴北京教育部任职多年。

钱均夫是一位非常负责的父亲。在钱学森幼年的知识启蒙里，是父亲首先向他开启人生与智慧之窗。钱学森常说："我的第一位老师是我父亲。"博学多才、谦恭自守的钱均夫营造了家庭宁静的文化氛围与求实精神，这对幼年钱学森的成长至关重要。

母亲章兰娟聪明内秀、多才多艺、知书达理。她性格开朗、热情，心地善良。计算能力与记忆力极强，具有很高的数学天赋，而且心灵手巧，尤其擅长针黹刺绣。这样的女子，在清末是凤毛麟角。有人说，钱学森惊人的天赋，正是来自他母亲的遗传基因。

杭州方谷园巷钱学森故居

诗书启蒙　聪颖过人

　　钱学森出生不久随父母移居上海。3岁，随父母迁居
北京。1917年6岁时进入北京女子高等师范学校附属小学，
1921年9岁时转到国立高等师范学校附属小学念高小。

　　钱学森家教严格，在母亲的培育下，两三岁，就能

满周岁的钱学森和父母在一起

背诵上百首唐诗、宋词，并学会用心算加减乘除。邻居相传钱家生了个"神童"。

钱学森从小就有志气，据说5岁时能读懂《水浒》。一天，钱学森问父亲："《水浒》中的一百零八个英雄，原来是天上的一百零八颗星星下凡的。人间的大人物，做大事情的，是不是都是天上的星星变的呀？"父亲觉得这问题挺大，认真想了一下，回答："《水浒》是人们编写的故事，其实，所有的英雄和大人物，像岳飞呀，诸葛亮呀，还有现在的孙中山呀，都不是天上的星星，他们原本都是普通的人，只是他们从小爱学习，有远大的志向，而且又有决心和毅力，不惧怕困难，所以就做出了惊天动地的大事情。"钱学森听罢，大受鼓舞，他说："英雄如果不是天上的星星变的，那我也可以做英雄了！"

父亲高兴地说："你也可以做英雄。但是，必须好好读书，努力学习知识，贡献社会。"钱均夫经常给儿子讲"学习知识，贡献社会"的道理。这八个字完成了钱均夫的家训，深深地印在了钱学森幼小的心灵里。

钱学森聪颖过人，活泼好动。上小学时，男孩子喜欢玩一种飞镖，它是用硬纸片折成，头部尖尖的，有一副向后斜掠的翅膀，掷出去能像燕子一样飞行，有时还能在空中回旋。钱学森是此道高手，他折的飞镖，飞得又稳又远，小伙伴谁也赶不上。有人不服气，拿过他的

上小学时的钱学森

飞镖检查，看看里边是否搞了什么"鬼"。这事，恰巧被自然课老师撞着了。老师走过来，把钱学森的飞镖复原，让他重掷一次，果然飞得又远又稳。老师把学生召拢来，让钱学森讲解其中的奥秘。钱学森说："我的飞镖没有什么秘密，我也是经过多次失败，一点儿一点儿改进的。飞镖的头不能太重，重了就会往下扎；也不能太轻，头轻了，尾巴就沉，先是向上飞，然后就往下栽；翅膀太小，飞不平稳，太大，就飞不远，爱兜圈子。"钱学森的话，让小伙伴们大为折服："鬼"原来不在飞镖，而在钱学森的心里——他就是"鬼点子"多吗。钱学森的话，更让自然课老师大为震惊：小小飞镖，里面有科学，钱学森无师自通，悟出了空气动力学的基本原理，这小同学不能小看，他很可能是一个大科学家的料！是的，自然课老师的眼力不错。

钱学森的童年近于理想化：渊深的背景，做教育的父亲，有文化的母亲，出生地在杭州，幼儿期在上海，童年进北京，入北师大附小……所有这一切，交织成一个令人羡慕的文化氛围。

"一辈子忘不了的6年"

1923年，12岁的钱学森以优异成绩从小学毕业，升到北京师范大学附属中学。

1923年至1929年，是钱学森一辈子忘不了的6年，为他的事业、人生奠定了重要基础。

他曾不止一次地对人说："在我一生的道路上，有两

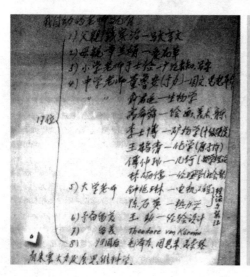

钱学森回忆曾经给他深刻影响的17个人

个高潮，一个是在师大附中的 6 年，一个是在美国读研究生的时候。"

钱学森入中学时，校长是著名进步教育家林励儒（注：曾任新中国教育部副部长）。当时，林砺儒着力进行学制改革，制定了一套以启发学生智力为目标的教学方案。在他的领导下，附中的教与学弥漫着民主、开拓、创造的良好风气，成为得天独厚的一片沃圃佳苑。

学校形成的考试风气与今天迥然不同：临考前从不紧张备考，绝不因明天要考试而加班加点背诵课本。"大家重在理解不在记忆。不论什么时候考，怎么考，都能得七八十分。"

青年钱学森与父亲钱均夫

那是一段令钱学森最难忘的青春岁月：每天中午吃了饭，大家在教室里讨论各种感兴趣的科学知识，数学、物理、化学……不怕考试，不死记书本，玩得也很痛快，天黑才回家。

对于这段启蒙教

育，钱学森十分怀念：教几何的傅钟荪老师用古汉语自编讲义，把道理讲得很透，常说，"公式公理，定义定理，是根据科学、根据逻辑推断出来的，在课堂如此，到外面如此；中国如此，全世界如此，即使到火星上也如此！"这使钱学森"第一次得知什么是严谨的科学"。矿物硬度有十度，为了加深记忆，博物老师教给学生的"矿物硬度歌诀"，依序十种，合辙押韵，"滑、膏、方解、莹、磷、长、石英、黄玉、刚、金刚"（滑就是滑石，膏是石膏，方是方解石，莹是萤石，磷是磷石，刚是刚玉）。化学老师王鹤清启发了钱学森对科学的兴趣，当时，化学实验室随时开放，只要跟实验室管理老师说一声，不受课程科目的限制，学生进出自由。教生物的于君实老师，常带领他们去野外采集标本，教他们解剖蜻蜓、蚯蚓和青蛙。学校组织各种课外小组，并开设多门选修课，如非欧几里得几何、有机化学、无机化学、工业化学以及中国的诗词、音乐、伦理学，学生饱览各种课外书籍。有些课程用英文授课，到高中二年级就已开设第二外语，钱学森当时除学英语外，选修了德语，外语讲究情景教学，创造语言环境……因此学生的知识面广，求知欲强，把学习当成一种享受，而不是一种负担，师生关系密切，息息相通。

上海交大的高材生

1929年，钱学森从国立北京师大附中毕业后，考入上海交通大学机械工程系学习。他清楚地记得孙中山先生在《建国方略》里，为中国未来铁路建设勾画的宏伟蓝图，因而，决心像著名铁路工程师詹天佑那样，投身祖国的铁路建设。

上海交通大学的前身是盛宣怀创办的"南洋公学"。南洋公学建校之初，从麻省理工学院和哈佛大学购来成套教科书，依照

1934年，钱学森在上海交通大学获学士学位。

上海交大航空系实验室（1947）

美国大学课程进行教学。后来，上海交通大学逐渐明确"以理科为基础、工科为重点、兼有管理学科"，以美国麻省理工学院为蓝本。这样，到了20世纪30年代，上海交通大学有了"东方的MIT"（即东方的麻省理工学院）的美誉。

当时上海交大专重考试分数，学期终了平均分数算到小数点以后两位，大家都为分数而奋斗。初入交大的钱学森，对这里求知空气不浓而不满，但也不甘落后，非考90分以上不可。在交通大学学习期间，钱学森的成绩遥遥领先。在交大，钱学森非常感激两位倡导把严密的科学理论与工程实际结合起来的老师，一位是工程热力学教授陈石英，一位是电机工程教授钟兆琳。

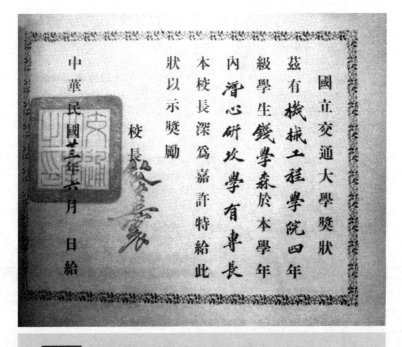

钱学森在上海交大获得校长黎照寰先生发给的奖状

钱学森在交大成绩优异，各门功课都在90分以上，获得免交学费的奖励。由于钱学森成绩优异，1934年6月，交通大学校长黎照寰先生发给钱学森的奖状："兹有机械工程学院四年级学生钱学森于本学年内潜心研攻学有专长，本校长深为嘉许，特给此奖状以资鼓励。"

1930年暑假后期，钱学森得了伤寒病，在杭州家里卧病一月余，后因体弱休学一年。在这一年里，他第一次接触到科学社会主义。钱学森爱好美术，在书店买了一本讲艺术史的书，不承想这本书是一位匈牙利社会科学家用唯物史观的论点写的。他从未想到对艺术可以进行科学分析，所以对这一理论发生了莫大的兴趣。接着他读了普列汉诺夫的艺术论、布哈林的唯物论等书，又看了一些西洋哲学史，也看了胡适的《中国哲学史大纲》。读了这么多书，他感到只有唯物史观和辩证唯物主义才是有道理的，唯心主义等等没有道理；经济学也是马克思的有道理，而资产阶级经济学那一套理论，则不能自圆其说。休学期满回到学校，钱学森开始接触到共产党的外围组织，参加过多次小型讨论会，从那里他知道了红军和解放区的存在。小组的领导人乔魁贤，是当时交大数学系的学生，小组还有许邦和、袁轶群和褚应璜。

交通大学的前身南洋公学。图为南洋公学1897—1904年间的楼牌式校门。

出国留学　改学航空

　　钱学森从1929年进入大学，中间因病休学一年，到1934年以优异成绩毕业。

　　然而，正当他在上海交大勤奋学习时，日本鬼子倚仗先进的飞机、大炮疯狂侵略中国的东北，1931年的"九一八"事变后不久，就在钱学森身边发生了1932年的"一二·八"抗战。他目睹蔡廷锴将军率十九路军以弱势的空军力量，在上海慷慨悲壮抗击日寇的战斗场面。钱学森认为，中国要战胜日寇，只有军人的英勇是不够的，还要有敢于抗争的国民政府和现代化的武器，特别是强大的空军，要自己学会制造飞机！于是，他钻到图书馆里博览群书，特别专注于阅读航空工程的书籍，他的志趣从设计火车头逐渐转向发展航空事业。

　　在"航空救国"的热潮中，钱学森决意为"航空救国"作出自己的贡献。他得知交通大学外籍教师H.E.

Wessman 开设了航空工程课程，就于1933年下半年开始选修这门课程，两学期平均成绩为90分，是选修这门课程的14名学生中成绩最好的一个。自从选修了航空工程课程，钱学森决定在毕业之后，从铁道机械工程专业转向航空专业。

1934年，钱学森毕业，他考取了清华大学第二届公费赴美留学生。主持此项考试的叶企孙教授为了对付日寇侵华，在公费留学生的名额中增设航空门一个名额，钱学森以优异的成绩考取了这仅有的一个名额。为了减

1947年，钱学森回国期间与清华大学王助教授合影。

少留学费用又提高出国深造青年的专业水平，叶企孙特意安排钱学森到清华大学进修一年的航空专业知识。

钱学森又回到了阔别4年的北京，来到清华大学进修。钱学森考取的公费留学生，实际就是"庚子赔款留学生"。当时美国想通过这种办法培植亲美势力，但是实际上，通过庚子赔款出国深造的学生，学成后大多为祖国的建设事业奉献出自己的聪明才智。这些学生中有我们熟悉的竺可桢、茅以升、高士其、周培源、闻一多、费孝通、吴大猷等等。

清华大学"航空工程组"的"二王"，成了钱学森的导师。这"二王"，即王助教授和王士倬教授。王助是波音公司第一位设计师，他为波音设计了第一架飞机，因此有人把王助称为"波音之父"。王助很喜欢聪慧好学的钱学森，他教导钱学森务必重视工程技术实践和制造工艺问题。

根据导师的安排，钱学森先在杭州、南京、南昌的机场或者飞机修理工厂实习，然后到北京清华大学接受导师的辅导。杭州的笕桥机场，是当时最重要的航空专业实习场所。经过实习，钱学森对于飞机有了许多感性的认识。他在结束实习之后，回到离别已经五年的北京。在清华大学，钱学森面见导师王士倬教授。

在王助、王士倬这两位教授的指导下，钱学森开始走进了航空工程的科学殿堂。

麻省理工学子的翘楚

经过一年的实习，在1935年8月，钱学森负笈东行，从上海乘坐"杰克逊总统号"邮轮横渡太平洋，前往美国西岸的西雅图。

在"杰克逊总统号"邮轮上，20名来自中国天南地北的清华大学留学美国公费生第一次大团聚。

他们是：

历史学门（注重美国史）一名 杨绍震

考古学门一名 夏鼐

1935年，钱学森从上海赴美留学时在轮船上的留影。

油类工业门一名 孙令衔

造纸工业门一名 时钧

陶瓷工业门一名 温步颐

理论流体学门一名 王竹溪

高空气象学门一名 赵九章

海产动物学门一名 萧之的

应用植物生理学门一名 殷宏章

农学门（注重选种）一名 杨湘雨

农村合作门一名 杨蔚

人口问题门一名 赵铸

国势清资统计门一名 戴世光

劳工问题门一名 黄开禄

成本会计门一名 宋作楠

国际私法门一名 费青

地方行政门一名 曾炳钧

水利及水电门（河工组）一名 张光斗

水利及水电门（水电组）一名 徐芝纶

航空门（机架组）一名 钱学森

当时钱学森的心情是：中国混乱，豺狼当道，暂时到美国去学些技术，他日回来为国效劳。

在结束了横渡太平洋的长途旅行之后，钱学森又开始横穿美国全境的新的长途旅行，从美国西海岸的西雅图，前往东海岸的波士顿。钱学森把目的地锁定在波士顿的麻省理工学院，是因为他的两位导师王助、王士倬都毕业于这所美国名校，理所当然地向他推荐了自己的母校。

麻省理工学院精英云集，被誉为"世界理工大学之最"。曾经有78位诺贝尔奖得主在麻省理工学院学习或工作。

到了美国入麻省理工学院航空系，钱学森的成绩不但比美国学生好，而且比同班的其他外国人都好，这使他感到作为一个中国人而自豪。钱学森在麻省理工学院只花了一年时间，就获得了航空工程硕士学位。

麻省理工学院

拜师力学大师冯·卡门

　　因为学工程一定要到工厂去，而当时美国航空工厂不欢迎中国人，所以一年后他开始转向航空工程理论，即应用力学的学习。美国的航空理论研究中心不在麻省理工学院，而在洛杉矶的加利福尼亚理工学院（简称加州理工学院），那里的冯·卡门教授是航空理论研究的权威。由于卡门在应用力学、流体力学、湍流理论、超音

冯·卡门教授

速飞行和火箭方面的研究，使美国的航空事业和宇航事业取得了长足的进步，在全世界处于领先的地位。

于是，钱学森在麻省理工学院获得航空工程硕士学位之后，便决定转学到加州理工学院。

加州理工学院强调理工结合，培养的学生既是科学家，也是工程师。博大精深，是加州理工学院对于学生的要求。

1936年10月，钱学森

1939年，钱学森在美国加州理工学院获航空、数学博士学位。

转学到加州理工学院，开始了与冯·卡门教授先是师生后是亲密合作者的情谊。冯·卡门第一次见到钱学森时，看到的是一位个子不高、仪表严肃的年轻人；他异常准确地回答了教授的所有提问；他思维的敏捷和富于智慧，顿时给冯·卡门以深刻的印象。冯·卡门教授教给钱学森从工程实践提取理论研究对象的原则，也教给他如何把理论应用到工程实践中去。冯·卡门每周主持一次研究讨论会和一次学术研讨会，这些学术活动给钱学森提

1928 年 6 月 8 日，获加州理工学院博士学位（最佳论文奖）。

供了锻炼创造性思维的良好机会。

加州理工学院给钱学森的印象是全新的。钱学森曾回忆说，"在这里，拔尖的人才很多，我得和他们竞赛，才能跑到前沿。这里的创新还不能局限于迈小步，那样很快就会被别人超过。你所想的、做的要比别人高出一大截才行。你必须想别人没有想到的东西，说别人没有说过的话。"也就是说，加州理工学院教育的核心就是创新。

加州理工学院的学术民主氛围，推动着科学讨论，推动着科学创新。

　　钱学森有一次在发表自己的学术见解时，一个老教授提了些意见，被钱学森不客气地用一句话顶了回去。会后，冯·卡门对钱学森笑道："你知道那老人是谁吗？"钱学森说不知道。冯·卡门说，那位是航空界鼎鼎有名

　　1938年，钱学森和几位亚裔同事与冯·卡门及其妹妹在冯·卡门家中合影。前左下蹲者是钱学森，前右下蹲者为谈家桢。

的大教授冯·米赛斯。接着，冯·卡门又说，你那句话回答得好极了。

在另一次学术讨论当中，钱学森却与他的老师冯·卡门发生了争论。他坚持自己的观点，毫不退让，使冯·卡门教授很生气。他将钱学森拿给他看的论文稿往地上一扔，便拂袖而去。但是事后这位世界大权威经过思考，认识到在这个问题上，他的学生是对的。因此第二天一上班，他就亲自爬了三层楼梯，来到钱学森小小的办公室，敲开门，恭恭敬敬给钱学森行个礼，然后说："钱，昨天的争论你是对的，我错了。"冯·卡门教授的博大胸怀使钱学森非常感动，并终生不忘。

1938年，钱学森在加州理工学院。

加入火箭俱乐部

正当钱学森在航空理论—空气动力学上屡建奇功的时候，他的研究方向又一次开始转移，转向了火箭。

加入"火箭俱乐部"是在他读博期间。当时，冯·卡门的另一位博士研究生F·马林纳正在研究火箭的飞行和推进，并与几个热衷于此的学生组成了"火箭俱乐部"。火箭俱乐部中的四个"火箭迷"，各有所长，马林纳和史密斯是航空工程研究生，负责总体设计，化学专业的帕森负责制造火箭燃料，而福尔曼则擅长机械制造。后来，钱学森也加入其中，成为火箭研究的先驱者之一。据说，有一次"火箭俱乐部"研制了一枚火箭，在校园内试射，可在发动机点火后火箭发生爆炸，巨大的气浪把钱学森等人掀翻在地，险些丧命。学校因此勒令"火箭俱乐部"停止校内的一切试验活动，把他们驱逐出校园，并称这简直是个"自杀俱乐部"。冯·卡门不得不让

F·马林纳来自波兰，1944—1946年任喷气推进实验室主任。马林纳酷爱绘画。马林纳还是美国共产党党员。后来为了避免在美国受到迫害，辞去了加州理工学院的喷气推进实验室主任职务，去巴黎为联合国教科文组织服务，并成为现代派画家。

他们搬到加州理工学院7公里以外的一个山谷里去做试验，以防他们把加州理工学院也给炸掉。在那里，他们成功发射了几枚试验性火箭。很快，他们的试验引起了军方的注意。美国陆军航空兵司令亨利·安诺德还亲自到加州理工学院参观了他们的实验室。

这个"民间组织"火箭俱乐部，成了美国历史上最早的研制火箭的组织。那五个小伙子，后来被推崇为美国研制火箭的"元老"。

由马林纳介绍，钱学森参加了当时加州理工学院的马列主义学习小组，也得识该小组的书记、化学物理助理研究员 S · 威因鲍姆。小组曾念过英国 L · 斯崔奇著的一本书，后来也学习过恩格斯的《反杜林论》；每星期例会常讨论时事，主题是反法西斯和人民阵线；小组还参加过美国共产党书记 E · 白劳德的几次讲演会。1938年冬，第二次世界大战爆发后，不少小组成员加入了美国共产党，也有人参加了军事研究，这个小组就无形解散了。后来，马林纳在麦卡锡主义反动浪潮席卷美国的初期，辞去了加州理工学院的喷气推进实验室主任职务，去巴黎为联合国教科文组织服务，并成为现代派画家，1981年11月9日在巴黎病逝。

　　1936年11月15日，"喷气推进实验室"成员在进行发动机试验。

"卡门-钱近似" 公式

往日，科学家们所研究的只是低速飞行动力学。如今，飞机在"亚音速"或"超音速"飞行，空气动力学规律与低速飞行全然不同。要想提高喷气式飞机的速度，必须解决两大科学难题：其一，当飞机的飞行速度提高到亚音速时，气体的可压缩性对飞行器的性能到底有什么影响，它们之间的定量关系是怎样的？其二，如果想再把飞机的飞行速度进一步提高到超音速时，应该采用什么样的最富有成效的理论指导和技术设计才能实现？

冯·卡门要求钱学森把这两大难题作为他的博士论文的研究课题，从而建立崭新的"亚音速"空气动力学和"超音速"空气动力学。

在冯·卡门的指导下，钱学森花费三年的时间，终于成功地攻克这两大难题。钱学森曾说："我在做空气动力学博士论文的时候，把关于空气动力学方面英文的、

钱学森在加州理工学院给研究生讲授火箭客机

法文的、德文的、意大利文的200多篇文献，全都看过，而且还进行了仔细的分析，以求理清空气动力学的来龙去脉。"1939年，钱学森完成了《高速气体动力学问题的研究》等4篇博士论文，第一次显示了他在科学研究上的惊人才华。钱学森因此获得加州理工学院航空、数学博士学位。

钱学森博士论文中的重大成果是"热障"理论和"卡门-钱近似"公式。

所谓"热障"理论，是指"飞机在高速飞行时，其表面气流温度很高，会使金属外层强度降低，甚至熔化。因此在设计高速飞机时，必须对飞机表面采取有效的防热或冷却的措施，才能持续高速飞行"。

　　1945年4、5月，钱学森和他的老师冯·卡门在德国哥廷根会见空气动力学家L–普朗特（左）。普朗特曾是冯·卡门的老师，这是师生三代在战后会见的一个有意义的时刻。

　　所谓"卡门–钱近似"公式，是一种计算高速飞行着的飞机机翼表面压力分布情况的科学公式，后来被世界各国广泛应用于超声速飞机设计与制造。

　　钱学森的博士论文，奠定了他在空气动力学上的地位。

　　冯·卡门这么说起钱学森："我发现他非常富有想象力，他具有天赋的数学才智。""钱的这种天资是我不常遇到的。"

　　从此，钱学森成为冯·卡门的亲密合作者，他被加州理工学院古根海姆航空实验室聘为研究人员，继续为突破飞机在高速飞行下的"声障"和"热障"做出贡献。

参与美国第一枚导弹研制

　　不久，第二次世界大战爆发。由于战事的需要，冯·卡门被美国军方聘为顾问，钱学森、马林纳等"火箭俱乐部"成员也开始参与军事研究项目。据考证，美国导弹计划第一份正式的建议报告《远程火箭的评论和初步分析》，就是钱学森与马林纳合作完成的。

　　1944年12月，担任火箭研究理论组组长的钱学森（右二）在美军试验基地（Leech Spring）参加美军最初的火箭"列兵A"（Private A）发射的试验工作。

1943年夏天，冯·卡门接到了美国军方列为最高机密的几张照片，照片中显示，在已被德国占领的法国北部海岸发现了几座奇怪的建筑。冯·卡门推测那是火箭发射台，由此他推断，德国正在大规模发展火箭武器。冯·卡门立刻建议美国政府也出资建立一个喷气推进实验室，研究制造远程火箭武器。

1944年2月，喷气推进实验室成立，实验室设立弹道、材料、推进、结构等四个部门。钱学森负责推进部门，并参与共同管理弹道部门。美国政府每年投入300万美元，开始研究代号为"列兵A"的火箭武器。喷气推进实验室在火箭俱乐部当年进行试验的阿洛约·塞科山谷动工兴建。冯·卡门教授被任命为喷气推进实验室主任，钱学森担任喷气推进实验室喷气研究组组长。

1944年底，美军邀请钱学森培训专门的导弹军官，这些学生在20世纪50年代之后成为美军导弹领域的骨干力量。不仅如此，从1944年10月起，钱学森成为美国陆军航空队科学顾问团成员，能自由出入战时设在华盛顿的秘密高层指挥中心。

1945年，战争接近尾声。钱学森随冯·卡门前往德国，接收先进的导弹成果和技术，并被授予上校军衔。这时加州理工学院提升他为副教授。这一时期，他取得了在近代力学和喷气推进的科学研究方面的宝贵经验，

这张拍摄于60多年前的照片，是美国国家航空顾问委员会在1947年2月3日的合影。在以美国航空事业奠基人冯·卡门博士(第一排左起第七位)为核心的美国宇航精英中，共有三位中国学者：第一排左起第三位是钱学森，第二排左起第一位是林家翘，第三位左起第二位是郭永怀。

成为当时有名望的优秀科学家。

1941年，从加拿大来了几位庚子赔款的留学生：郭永怀、林家翘、傅承义，1942年又来了钱伟长。钱学森和他们相处得比较密切，一般是一起吃晚饭，并常常讨论各种问题。钱伟长多才多艺，傅承义专攻地球物理。钱学森和郭永怀最相知（后来在1957年初，有关方面询问谁是承担核武器爆炸力学工作最合适的人选时，钱学森毫不迟疑地推荐了郭永怀）。1943年秋冬，周培源也到加州理工学院来做研究工作，找冯·卡门教授讨论湍流统计理论等。这一群中国同学，还有张捷迁、毕德显，星期天总到周培源老师家去玩，高谈国事，也替师母王蒂澄烹制午晚餐。

他们也参加了喷气推进实验室弹道分析、燃烧室热传导、燃烧理论研究等工作。当时，钱学森与钱伟长这"两钱"建立了很好的友谊。

这时，钱学森担当JPL实验室研究分析组组长，与林家翘、钱伟长、史都华、郭永怀等十多位中外科学家共同努力，设计制造出美国最初的火箭和导弹——"女兵""下士"，并由JPL实验室组织在塞科山谷发射试验成功，从而成为美国最早成功发射的火箭与导弹。

有了这些研制火箭的科学技术基础，美国射程更远、威力更大的火箭和导弹很快发展起来，给了德国法西斯有力的还击，同时也开创了美国航天事业的新时代。

可以说，钱学森与马林纳的合作，在冯·卡门的指导下，完成了美国第一枚导弹的设计工作。所以，钱学森被称为美国导弹事业的奠基人之一。

美国作家密尔顿·维奥斯特对钱学森做过这样评价：他对美国建造第一批导弹起过关键性的作用，是制定美国空军从螺旋桨式飞机向喷气机，并最终向无人航天器过渡的长远规划的关键人物，是帮助美国成为世界第一流军事强国的科学家的银河中的一颗明亮的星……

麻省理工学院最年轻的正教授

1946年暑假期间，冯·卡门教授因与加州理工学院有分歧而辞职。作为冯·卡门的学生，钱学森也随即离

1949年，钱学森在加州理工学院任教，左一为年轻时的F-马勃。

开加州理工学院，回到他刚来美国时就读的麻省理工学院，担任副教授。开头，只是负责教授攻读空气动力学的研究生。

同年，钱学森在美国的《航空科学期刊》发表题目为"原子能"的论文，提出了原子能如何应用在航空与航天上。他在麻省理工学院举行一系列的演讲，叙述核燃料助推火箭的设想和相关工程问题，引起广泛的兴趣与讨论。

1947年初，麻省理工学院决定破格提升钱学森为终生职的正教授，并恭请冯·卡门教授写推荐信。冯·卡门写道："钱博士在应用数学和数学物理解决气体动力学与结构弹性方面的难题方面，绝对是同辈中的佼佼者……他人格成熟，堪当正教授之责，也是一位组织能力极强的好老师。他对知识和道德的忠诚，使他能全心奉献于科学……"在冯·卡门的高度推荐下，钱学森成为当年麻省理工学院最年轻的正教授。

刚刚升任终身教授的钱学森在学院为他举行的学术报告会上，作了题为《飞向太空》的报告。各方来宾中有美国国内著名的火箭飞行专家，也有专程从加州理工学院、哈佛大学等著名学府赶来的知名学者，还有钱学森的同学、同事、同行以及中国老乡，更有来自华盛顿五角大楼的军界代表，气氛十分隆重。

悠悠青梅竹马情

  1947年7月，钱学森向麻省理工学院请假，回国探亲。这是他来到美国第12年头后第一次回国。当时飞越太平洋的航线开辟不久，钱学森从美国乘飞机直接抵达上海。在龙华机场，他的好朋友范绪箕(曾经任上海交通大学校长)专程从杭州赶来迎接他。

  晚间，钱学森与父亲头挨头睡在一张床上。一边哭一边听着父亲向他叙述母亲离去时的情形。

  这次回国，母校

1947年钱学森和蒋英在上海完婚

蒋英是大军事家蒋百里之女，中国最杰出的女声乐教育家和享誉世界的女高音歌唱家，新中国成立后长年任教于中央音乐学院。

上海交通大学建议聘请钱学森担任上海交通大学校长职位。这一建议，都被教育部回绝，说钱学森太年轻，不适宜当校长。在这些教育部的官僚看来，大学校长的尊严只有归于年高德劭的耆宿。钱学森谢绝了一些院校任聘请，决心再到美国去从事自己的研究工作。

这次回国，钱学森还完成了他一生中最重要的任务，和蒋百里的女儿蒋英结为百年之好。

钱学森的父亲钱均夫和蒋英的父亲蒋百里都是前清秀才，又同是留日学生，两人回国后都在北京供职，因此两家来往甚密。

蒋英是蒋百里的三女儿。只有一个独生子的钱均夫仗着同蒋百里的特殊关系，直截了当地提出要5岁的蒋英到钱家做他的闺女。蒋英从蒋家过继到钱家是非常正式的，蒋钱两家请了亲朋好友，办了几桌酒席，将蒋英的名字也改为钱学英。

蒋英回忆起那段经历时说:"过了一段时间,我爸爸妈妈醒悟过来了,非常舍不得我,跟钱家说想把老三要回去。钱学森妈妈答应放我回去,但得做个交易:你们这个老三,现在是我干女儿,将来得给我当儿媳妇。"

良好的家庭环境,使钱学森和蒋英自幼受到很好的文化熏陶和家庭教育。蒋英儿时喜爱唱歌,颇有音乐天赋。1935年,蒋英随父亲到欧洲考察。1937年,蒋英考进柏林音乐大学声乐系,从此开始了她在欧洲学习音乐的漫长旅程。

而钱学森,不仅学习成绩优异,而且对艺术也很热爱。书法、绘画、写作、小品尽显才艺。

一个在美国苦攻航空机械理论,一个在欧洲畅游于声乐艺术的海洋之中,12年,钱学森与蒋英彼此没有来往,只有艺术的种子孕育在各自的心田。

然而,当蒋百里赴美国考察把蒋英在欧洲的留影拿给钱学森看时,照片上那动人的微

笑和儿时就依稀可见的美丽，在钱学森的心里掀起了微澜。

1947年的旧历七月初七，是钱学森刻意选择的良辰吉日。钱学森终于下定决心，向蒋英求婚。

钱学森来到蒋家，走到蒋英面前恳切地说："英妹，12年了，我们天各一方，只身在异国他乡，尝遍了人生的酸甜苦辣。我们多么需要在一起，互相提携，互相安慰！天上的牛郎织女每年还要相逢，我们却一别12年，太残酷了。这次我回来，就是想带你一块儿到美国去，你答应吗？"

的确，两个人虽无书信来往，但是，长久的分离，并没有封冻两颗相爱的心灵，相反，更加重了他们之间的思念。他们都在无言地等待着对方。

1947年，钱学森与蒋英在上海喜结良缘。

这年9月26日，钱学森与蒋英赴美国波士顿。他们先在坎布里奇麻省理工学院附近租了一座旧楼房。在新家的起居室里摆了一架黑色大三角钢琴，为这个家平添了几分典雅气氛。这架钢琴是钱学森送给新婚妻子的礼物。当时蒋英英文不好，钱学森就抽空教她，家里来客人时，掌勺的大师傅也是钱学森。两年后，钱学森出任加州理工学院喷气推进技术中心主任教授，在洛杉矶儿子永刚和女儿永真相继出世，一双儿女让家里充满了欢乐。

心向祖国

　　1949年10月1日，中华人民共和国诞生了。10月6日，中秋节，这是新中国成立后的第一个中秋节。这天钱学森去"华人街"选购了中国月饼，与几十位中国留学生围坐在一个大圆桌旁，共度祖国的传统佳节。钱学森拿起一块月饼，轻声说："新中国已经成立6天了……"

　　十几位海外赤子的眼睛湿润了。钱学森激动地说："新生的人民共和国急需科学技术，急需建设人才，我们施展才华报效祖国的时候到来了。"钱学森指导的一名中国留学生，在这个中秋月夜之后，毅然放弃了尚未完成的博士论文，提前回到祖国参加社会主义建设。

　　这天晚上，钱学森一家久久不能入睡。钱学森打开了一体珍藏的中国地图，反复看着。他对妻子说："咱们回中国去，那里需要我"。妻子点了点头，眼角泪光闪动

1949年，钱学森在加州理工学院授课。

......

　　12月18日，周恩来通过北京中央人民广播电台，代表党和人民政府郑重地邀请在世界各地的海外游子回国参加建议。在钱学森等学者心里引发了强烈的感召力量。

　　"人情同于怀士兮，岂穷达而异心。"法国著名微生物学家巴斯德曾说过："科学是没有国界的，但科学家属于祖国。"在学成之后，钱学森没有忘记他临行前立下的誓言：在新中国成立后，他便迫不及待地要飞回到他朝思暮想、日夜牵挂的祖国。

　　然而，以麦卡锡为首实行全面清查，并在全美国掀起了一股驱使雇员效忠美国政府的歇斯底里狂热。

一个人抵5个师换来的5年软禁

1949年钱学森提出申请美国公民资格。1950年，全面反共的麦卡锡主义流行，联邦调查局FBI从1938年美国共产党的文件中发现钱学森30年代参加了中国共产党外围组织的一些活动，于是不但不给他入籍，反而吊销了他的机密工作许可，使其无法继续研究。这使得钱学森非常气愤——"我宁肯回中国老家去，也不愿在受人怀疑的情况下继续留居美国！"

钱学森夫妇

1950年9月的一天，钱学森将全家行李以及800公斤重的书籍、笔记本装上即将开往香港的美国"威尔逊总统"号海

1940年，钱学森（前排左一）和中国留美学者在加州理工学院合影。

轮，随即全家准备乘坐加拿大太平洋公司的飞机回国。然而美国海关扣留了他们的行李和书籍，他们硬说里面有机密材料。其实，在打包之前，钱学森已交他们检查过。美国检察官再次审查了他的所有材料后，证明他是光明磊落的。移民局通知钱学森不得离境。钱学森不服，拒绝配合调查，于是联邦调查局将他拘捕，并关押在特米那小岛上，直到14天后，在加州理工大学缴纳了1.5万美金的保释金后才被释放。这次经历对钱学森打击很大，他的精神和身体都受到严重损伤，体重骤降了13.5

公斤，甚至失声。随后的日子里，钱学森被监视居住，特工经常闯入他的办公室及住所检查。钱学森的电话受到监听、信件受到拆检。钱学森发现，就连他上街，背后也有人跟踪。一句话，钱学森虽然获释，但是仍处于软禁之中。

据说下令阻止他们回国的，是钱学森的好朋友、美国海军次长丹尼·金布尔。两人曾在火箭俱乐部创办的公司合作，钱是技术顾问，而金负责经营。金布尔对钱所从事工作的重要性和其超凡能力非常清楚，当"挽留不住后才出此下策"。当时正值朝鲜战争爆发，中美处于

1945年5月14日，钱学森（右一）和恩师冯·卡门（右二）摄于德军占领的惠海姆学院。

敌对状态。金布尔曾咆哮说："钱学森无论在哪里都抵得上5个师，我宁可把他枪毙，也不让他回到红色中国！"

然而，事情并没有完。美国移民归化局要求钱学森每月到移民归化局报到一次，并且不准离开他所在的洛杉矶县界，从此开如了长达5年之久的变相软禁生活。

由于无法继续喷气推进技术研究，钱学森决心另起炉灶，很快他的生活恢复了平静，他依然在大学里上班，研究的却是门新学问：工程控制学。那些日子里，钱学

1950年11月，加州理工学院喷气推进中心，钱学森和他的律师格朗·库帕在一起，此时是被驱逐听证会期间。

1950年，钱学森和律师库帕等在洛杉矶移民局听证会上。

森常常在家吹一支竹笛，蒋英弹一把吉他，两人共同演奏古典室内音乐。认识钱学森的人都知道，他是典型的江南才子，多才多艺。他爱好广泛，经常去参观书画展，对书法、诗词、音乐的认识都很深，除了贝多芬和莫扎特的交响乐外，还喜欢中国佛教和宫廷礼仪等古典音乐，引用诗词更是信手拈来。

经过4年的潜心钻研，钱学森撰写出《工程控制论》，该书被誉为工程控制学的开山之作，他本人也同时具有空气动力学家和控制论学家的双重头衔。据说冯·卡门看了这本书，感慨地对钱学森说："你在学术上已经超过了我，我为你感到骄傲。"正是由于系统控制论与导弹技术的结合，才使钱学森在回国几年内做出四两拨千斤的成绩。这一切仿佛像被命运精心安排好了似的。

躲过特工寄出至关重要的信

　　1955年6月15日，钱学森在家中事先写好草稿，然后用一手繁体汉字，端端正正写下致陈叔通先生的这封至关重要的信。陈叔通先生当时任全国人大常委会副委员长。钱学森为什么特别注意陈叔通的名字呢？原来，陈叔通先生是钱学森的杭州同乡，是钱学森的父亲钱均夫的好友。

　　信的全文如下：

叔通太老师先生：

　　自1947年9月拜别后未通信，然自报章期刊上见到老先生为人民服务及努力的精神，使我们感动佩服！学森数年前认识错误，以致被美政府拘留，今已五年。无一日、一时、一刻不思归国参加伟大的建设高潮。然而世界情势上有更重要更迫急的问题等待解决，学森等个人的处境是不

钱学森致陈叔通的信

能用来诉苦的。学森这几年中唯以在可能范围内努力思考学问，以备他日归国之用。

但是现在报纸上说中美交换被拘留人之可能，而美方又说谎谓中国学生愿意回国者皆已放回，我们不免焦急。我政府千万不可信他们的话，除去学森外，尚有多少同胞，欲归不得者。从学森所知者，即有郭永怀一家（Prof. Yong-huai Kuo, Cornell University, lthaca, N.Y.），其他尚不知道确实姓名。这些人不回来，美国人是不能释放的。当然我政府是明白的，美政府的说谎是骗不了的。然我们在长期

等待解放，心急如火，唯恐错过机会，请老先生原谅，请政府原谅！附上纽约时报旧闻一节，为学森五年来在美之处境。

在无限期望中祝您

康健

钱学森谨上

钱学森写好信之后，怎么把这封至关重要的信件寄到陈叔通先生手中呢？他当时并不知道陈叔通先生的通信地址，只能寄给在上海的父亲，请父亲代转。倘若从美国寄给在上海的父亲，风险很大，因为联邦调查局非常注意拆检钱学森写给父亲的信，万一落到他们手中就麻烦了。他把这封信写好之后，装在一个信封里，并在信封上写了上海家中的地址。然后把这封信夹在夫人蒋英寄给妹妹的信中，那就相对要安全些。蒋英的妹妹蒋华当时侨居比利时。

陈叔通

从美国寄往比利时的信，远没有寄往中国的信件那么容易引起关注。蒋英请妹妹在收到这封信之后，从比利时转寄到上海钱学森父亲家中。蒋华收到信件之后，立即转寄给在上海的钱学森父亲钱均夫。钱均夫马上寄给北京的老朋友陈叔通先生。陈叔通当即转交周恩来总理。这一系列的转寄，都安全无误。这封经过千山万水、辗转传递的信件，在关键的时刻，起了关键的作用。

当时，钱学森还处于联邦调查局的监视之中，如何避开特工的眼睛把信投进邮筒呢？

钱学森记起，在一家大商场里，有咖啡馆，也有邮筒。于是，钱学森和夫人来到那家商场，钱学森在门口等待，夫人蒋英进入商场。男人不进商场，这在美国很正常。如果有特工在后面跟踪，紧盯的当然是钱学森。钱学森站在商场门口，特工也就等在商场之外。蒋英走进商场，看看周围无人注意她，也就悄悄而又敏捷地把信投进了商场里的邮筒。

这封信就这样躲过了联邦调查局无处不在的监视的眼睛，安全到达比利时。

周恩来拍板：用被俘美国飞行员换回钱学森

钱学森在美国受迫害的消息很快传到国内，新中国震惊了！国内科技界的朋友通过各种途径声援钱学森。党中央对钱学森在美国的处境极为关心，中国政府公开发表声明，谴责美国政府在违背本人意愿的情况下监禁

1950年，被美国海关查扣的钱学森的八大箱托运的行李。

王炳南（左三）与美驻波大使柯·约翰（左四）举行会谈

了钱学森。

当钱学森要求回国被美国无理阻拦时，中国也扣留着一批美国人，其中有违反中国法律而被中国政府依法拘禁的美国侨民，也有侵犯中国领空而被中国政府拘禁的美国军事人员。美国政府急于要回这些被我扣押的美国人，但又不愿意与中国直接接触。

中国代表团秘书长王炳南6月5日开始与美国代表、副国务卿约翰逊就两国侨民问题进行初步商谈。美方向中方提交了一份美国在华侨民和被中国拘禁的一些美国军事人员名单，要求中国给他们以回国的机会。为了表示中国的诚意，周恩来指示王炳南在6月15日举行的中美第三次会谈中，大度地作出让步，同时也要求美国停

止扣留钱学森等中国留美人员。

然而，中方的正当要求被美方无理拒绝。7月21日，日内瓦会议闭幕。为不使沟通渠道中断，周恩来指示王炳南与美方商定自7月22日起，在日内瓦进行领事级会谈。为了进一步表示中国对中美会谈的诚意，中国释放了4个被扣押的美国飞行员。

中国作出的高姿态，最终是为了争取钱学森等留美科学家尽快回国。可是在这个关键问题上，美国人耍赖了。尽管中美双方接触了十多次，美国代表约翰逊还是以中国拿不出钱学森要回国的真实理由，一点不松口。

正当周恩来总理为此非常着急的时候，时任全国人大常委会副委员长的陈叔通收到了一封从大洋彼岸辗转寄来的信。他拆开一看，署名"钱学森"。他禁不住心头

换回钱学森的4名美国飞行员

1949年10月27日，重返加州理工学院担任喷气推进中心主任的钱学森与同事在办公室留影。

一震，他迅速地读完了这封信。信中的内容，原来是请求祖国政府帮助他回国。这封信是钱学森巧妙地躲过了联邦调查局无处不在的监视的眼睛，辗转通过蒋英在比利时的妹妹寄给国内的父亲之后转寄给陈叔通的。

对于这样一封非同寻常的海外来信，陈叔通深知它的分量，当天就送到周总理那里。"这真是太好了，据此完全可以驳倒美国政府的谎言！"周恩来总理当即作出了周密部署，叫外交部火速把信转交给正在日内瓦举行中美大使级会谈的王炳南，并对王炳南指示道："这封信很有价值。这是一个铁证，美国当局至今仍在阻挠中国平民归国。你要在谈判中，用这封信揭穿他们的谎言。"钱

学森的"导弹",准确地射中在日内瓦联合国大厦举行的中美大使级会谈。

1955年8月1日,中美大使级会谈在日内瓦开始,中方提出以11名战俘飞行员换取钱学森回国。8月2日,王炳南大使王炳南大使按照周总理的授意,当着美国代表约翰逊的面,念了钱学森的信,以钱学森这封信为依据,与美方进行交涉和斗争,迫使美国政府不得不允许钱学森离美回国。据说最后同意放人的是当时的美国总统艾森豪威尔。

1955年8月4日,钱学森收到了美国移民局允许他回国的通知。

1955年9月17日,钱学森梦寐以求的回国愿望得以实现了!这一天钱学森携带妻子蒋英和一双幼小的儿女,终于登上了"克利夫兰总统号"轮船,踏上返回祖国的旅途。

当得知钱学森全家于1955年9月17日乘船离开了美国,金布尔感慨道:"我们终于把他逼走了,这是美国有史以来做得最愚蠢的一件事!"冯·卡门也感慨说:"美国把火箭技术领域最伟大的天才、最出色的火箭专家,拱手送给了红色中国!"

"50年前我在罗湖桥头
接钱学森回国"

经过漫长的航行，1955年10月8日早上，"克利夫兰总统号"到达香港九龙。港英当局以所谓"押解过境"的名义，把钱学森一家送到深圳罗湖口岸。

当年到深圳罗湖桥头迎接钱学森回国的人，力学研

"克利夫兰总统号"轮渡

1955年9月，钱学森一家人登上了"克利夫兰总统号"轮船，踏上返回祖国的旅途。

究所的筹备人和负责人之一的朱兆祥回忆起50年前那难忘的时刻时说：

"1955年秋天，钱学森先生突破美国政府的封锁回国。我受陈毅副总理的派遣，代表中国科学院去深圳迎接。那时我不认识钱先生，出发前我找到了中国科学院的赵忠尧和郑哲敏先生，又到上海拜访钱先生的父亲钱均夫老先生，了解钱先生一家的有关情况。钱老先生还给了我钱先生夫妇和子女永刚、永真的一张合照，以便辨认。当我到广州时，陈毅副总理已有电报来请省府关照。地方上很支持，派了一位副处长陪同我前往深圳协同工作。

1955年10月8日深圳罗湖桥头动人心魄的

一幕是很难忘怀的。当时我们已经从中国旅行社探知，钱先生等30位离美归国人员所乘邮船将在九龙靠岸，当时的港英当局屈从美国的压力，对钱先生等一行将以所谓'押解过境'的屈辱名义来对待。近中午时分，罗湖桥门打开了，这支光荣的爱国者队伍踏上界桥，面向祖国，步行过来了。正当我们拿着照片紧张地搜索钱先生一家之时，我的手突然被队伍中的一位先行者抓住，使劲地握着。我猛转身，发现对方眼眶里噙着的眼泪突然掉了下来。我意识到，此时此地我这个人，虽然原来谁也不认识

1955年9月17日，钱学森在离开洛杉矶时成为记者们追逐的对象。

我，也不知道我是来干什么的，现在却被看作
伟大祖国的代表了。我也极为感动。就这样，
一个挨着一个，每个人都带着激动的泪痕跨入
国门——我终于接到了钱学森先生一家。永刚
和永真两个天真的孩子拉着我的手，不停地喊
着：'Uncle Zhu，Uncle Zhu'，他们也和父母一
样沉浸在回到祖国的幸福之中。同时从美国加
州理工学院所在地珀萨定纳出发，和钱先生一
家一路同行的还有李整武、孙湘教授一家。进
入深圳车站休息室坐定后，我把科学院吴有训
副院长和院学术秘书钱三强先生的欢迎函面交
给他们。钱学森先生站了起来，再次和我们握
手，并走到李教授跟前说：'整武兄，这下我们
真的到了中国了。恭喜！恭喜！'两个人又激动
地握手。孙湘教授把怀中的孩儿递给丈夫，从
手提包里取出他们随身带来的离美那天出版的
《珀萨定纳晨报》给我看，上面印着特大字号的
通栏标题——'火箭专家钱学森今天返回红色
中国！'

　　这天，钱先生终于安全地回到了祖国，开始了生活
上崭新的一页。"

回到祖国怀抱

在深圳停留不到两个小时钱学森就坐上火车北行了。党和政府对他们的照顾无微不至。钱学森受到广东省委

1955年10月12日，钱学森从美国归国到达上海。这是钱学森（右三）和家人在上海家中合影。

1955年10月，钱学森（右一）在中国科学院上海办事处。

书记陶铸的接见并在广州参观。

在广州、上海和杭州，钱学森参观访问了十几所著名大学和研究所，接触了好多位教授和科学家，又参观了一些新兴的社会主义工业企业。钱学森对归国后所受到的欢迎感到意外，并深受感动。

在上海，钱学森和分别8年的父亲相见。1947年，父亲送走新婚的儿子儿媳，8年后，他见到的儿子一家又增添了孙子永刚和孙女永真，心里真是高兴。

钱学森全家又来到杭州，他带孩子来到母亲墓前，告慰母亲终于回来了。上海交通大学和浙江大学都热情地邀请钱学森作报告，讲现代的科学技术。

1955年10月28日钱学森一行到达北京，受到了中国科学院的热烈欢迎。他自己做的第一件事就是在翌日清晨同蒋英领着孩子来到天安门广场，目睹一下这个宣布中华人民共和国成立的地方。面对着雄伟的天安门城楼，钱学森感叹道："我相信我一定能回到祖国。现在，我终于回来了！"中国科学院郭沫若院长举行了盛大的宴会来欢迎他，在京的一批著名科学家都来庆贺他的回归。

11月5日，陈毅副总理接见了钱学森，代表党和国家来欢迎这位被美国政府扣押迫害了5年之久的科学家。他终于安全地抵达祖国的心脏，就要开始报效祖国的新事业了。

钱学森东北考察见陈赓

　　根据中央领导同志的建议，中国科学院安排钱学森在正式开始力学研究所的工作以前，先到东北地区进行短时间的考察访问。

　　中国科学院副院长吴有训告诉钱学森，东北地区拥有许多新建的工业企业，还有中国科学院的一些研究所，到那里走走看看，对于我国工业生产情况的认识，一定

会有所帮助。

在今天看来，这次出行，不管是对钱学森，还是对中国的导弹事业都是一次意义深远的旅行。

陪同钱学森去东北考察访问的，依然是朱兆祥。

从 1955 年 11 月 22 日—12 月 21 日，在东北整整访问了 1 个月。从北部的哈尔滨铁路线南下，一直到港口城市旅大，参观了当时全国最大的钢铁厂、煤矿、水电站、炼油厂、冶炼厂、化工厂、机床厂、汽车厂、电机厂、飞机厂等等，访问了许多大学和研究所。

> 哈尔滨工程大学坐落于美丽的松花江畔——北国名城哈尔滨。学校现隶属于国防科学技术工业委员会，学校的前身是 1953 年创建的中国人民解放军军事工程学院（"哈军工"），陈赓大将任首任院长兼政委。

中科院副院长吴有训迎接钱学森回国

东北考察的第一站就是哈尔滨。原来给钱学森安排的日程并无参观哈尔滨军事工程学院一项。但钱学森本人提出，他有两个朋友在哈尔滨，一个叫庄逢甘，一个叫罗时钧，希望这次能见到他们。

陪同的朱兆祥事先已了解到，罗时钧是钱学森在美国的学生辈，而庄逢甘也属学生辈，现都在军事工程学院任教。只因这所军事院校的保密要求很高，地方上只有省委委员以上人员才能进入哈军工参观。

第二天一早，在他们出发参观烈士纪念馆前，朱兆祥把钱学森的要求，通过电话报告了中共黑龙江省委。当他们参观回到宾馆后，朱兆祥接到了省委来的电话，说军事工程学院请示了北京，陈赓院长明确表示欢迎钱学森来访。要他们把参观该学院列入日程，明天上午就去哈军工。

11月25日上午，钱学森一行来到哈军工，令他们感到惊讶的是，站在学院门口迎接他们的竟是副总参谋长兼哈军工的院长陈赓。

钱学森大吃一惊：今天早晨省卫负责接待的同志告诉他，陈赓大将是这所学院的院长，一直在北京总参办公，怎么现在突然"从天而降"？

原来，陈赓为了陪同钱学森到军事工程学院参观，特意大清早乘专机从北京赶到哈尔滨，他要全程亲自接待钱学森的参观访问。

陈赓紧紧地与钱学森握手，又把刘居英、刘有光、徐立行、张衍等院领导介绍给他。

陈赓军务繁忙，他冒着严寒，不远千里从北京特意赶回来迎接钱学森，这令钱学森深受感动。

哈尔滨工程大学首任院长陈赓大将塑像

1955 年 11 月 5 日，刚回国时的钱学森。

上午，陈赓、刘居英、徐立行等人陪同钱学森参观学院。当见到他的老同学和老朋友马明德、岳劼毅、梁守槃，以及在美国留学时的学生罗时钧、庄逢甘时，钱学森开心极了。他感慨地说："地球真小，我没想到在军事工程学院会见到这些老同学和老朋友。"

下午，陈赓等人陪同钱学森参观炮兵工程系，在火箭实验室里，任新民副主任特地向钱学森介绍了室外固体火箭点火试车的试验，引起钱学森极大的兴趣。

任新民指着一个 10 多米高的铁架子，谦虚地说："不怕钱先生笑话，我们做比冲试验，方法很原始。另外用火箭弹测曲线，也是笨办法上马。"

钱学森认真地说："不容易。你们的研究工作已有相当的深度，尽管条件有限，已经干起来了嘛。迈出这一步，实在出乎我的意料！"

陈赓触景生情，想起了 1954 年 9 月随彭德怀赴苏联参观原子弹爆炸实兵对抗军事演习这件事，想起了彭总要他组织"哈军工"的专家研制导弹和原子弹的事。现在钱学森就在眼前，他当然要抓紧时间请教。

陈赓问钱学森："钱先生，你看我们中国人能不能搞导弹？"

钱学森目光炯炯，看着陈赓不假思索地回答："有什么不能的？外国人能造出来的，我们中国人同样能造出来。难道中国人比外国人矮一截不成？"

陈赓闻听，不禁开怀大笑。他趋前一步，紧紧握住钱学森的双手说："好！我就要您这句话！"

钱学森晚年回忆说："我回国搞导弹，第一个跟我说这事的是陈赓大将。"

1956年的钱学森

在严寒的哈尔滨，大和旅馆内却温暖如春。11月25日晚，陈赓等为钱学森举办了一个小型宴会。

席间，陈赓三句话不离火箭，向钱学森提出许多更深层次的问题。

钱学森谈到，如果研制射程为300公里500公里的短程火箭，弹体及燃料用两年时间可望解决，关键问题是自动控制技术，恐怕一下子难以突破。陈赓说："钱先生的话让我心里有了底，我们一定要搞自己的火箭。我可以表个态，我们军工将全力以赴，要人出人，要物出物，钱先生只要开口，我们义不容辞！"

钱学森在一路的参观访问中，逐渐完成了他对于组建新中国第一个力学研究所和发展力学研究所的构想。陈赓与这位年轻火箭专家短暂的会面，使中国的军事领导人对导弹的认识变得具体清晰起来。

哈尔滨大和旅馆，现为龙门大厦，曾经是军工学院的第一招待所。

钱学森起草意见书

1955 年 12 月下旬，钱学森回到北京后，应邀来到彭德怀的办公室，陈赓陪同在侧。

彭德怀十分敬重这位热爱祖国的大科学家，他单刀直入地请教道："钱先生，我是个军人，今天找您来，想谈谈打仗的问题。我们不想打人家，但若人家打过来，我

1956 年，从美国归来的科学家钱学森，在北京与法国原子核物理学家居里夫人的女儿海伦·郎之万交谈。

们也要有还手之力。在我国现有的经济和技术条件下，如果研制一种射程在300公里至500公里的短程火箭，需要多长的时间呢？"

钱学森说："如果只是能够发射火箭，那用不了很长时间，费时间的是发射出去后能控制火箭的那一套东西，叫自控系统。完成自控系统应占工作量的80%，而弹体和燃料研制的工作量只占20%。当年二战时德国V-2飞弹命中率很低，就是自控系统不过关。"

彭德怀沉吟半晌说："看来最重要的是自控系统了。我们当前要同时解决这个问题才行，要不然，导弹成了瞎子，乱飞一气，还怎么消灭敌人呢！"

钱学森又向彭德怀和陈赓详细解释了自控系统的原理、类型，以及技术上的难点等问题。把钱学森送走后，彭德怀高兴地对陈赓说："我们的军队不能老是土八路，也要学点洋玩意儿。你安排钱先生为在京军事机关的高级干部讲讲课，让大家都开开眼界，长长见识。"

1956年元旦下午，陈赓和钱学森夫妇一起到叶剑英家中赴宴。席间，火箭和导弹成了宾主间的主要话题。钱学森深入谈到人力、物力的估算，机构、人员的设置，越谈越投机。饭罢，陈赓建议，立即去找周恩来拍板。

"学森同志，我认为你们的想法很好啊！"听了钱学森和陈赓的设想，周恩来紧握着钱学森的手，话语中充满着信任和期待，"现在我交给您一个任务，请您尽快把你们的想法，包括如何组织这个机构，如何抽调专家等等，写成一个书面意见，以便提交中央讨论。"

钱学森的这份"意见书"受到了中共中央和中央军委的高度重视，各有关部门多次开会研究。

1956年2月，钱学森起草的《关于建立我国国防航空工业的意见书》放到了周恩来的案头。

这份"意见书"提出了我国火箭、导弹事业的组织草案、发展计划和具体研制步骤。为了保密，把火箭、导弹这些敏感的名词统统用"航空工业"来代表。

　　钱学森1955年10月12日从美国返国到达上海。这是钱学森和中国科学院植物生理研究所副所长殷宏章（中）见面。左为植物生理研究所所长罗宗洛。

毛泽东要钱学森坐在他身边

　　1956年2月1日晚，毛泽东以中华人民共和国主席、中国共产党主席、中央军委主席的身份举行盛大宴会，宴请全国政协委员。

　　钱学森收到了鲜红的毛泽东主席签署的请柬，上面写着他的席位在第37桌。

　　到了宴会厅，钱学森在第37桌却找不到自己的名字牌。这时，工作人员领着他来到第一桌，在紧挨毛泽东座位的右面——第一贵宾的位置，写着钱学森的大名！

　　这是怎么回事呢？

　　后来才知道，毛泽东主席在审看宴会来宾名单时，用红铅笔把钱学森的名字从第37桌勾到了第一桌。

　　"来，来，学森同志，请到这里坐。"毛泽东操着浓重的湖南口音，热情地邀请钱学森同自己坐在一起。

　　钱学森在毛泽东右侧坐下来，顿时成为整个会场的

钱学森在讲台上

焦点。

毛泽东主席伸出5个手指头，对钱学森说，听说美国人把你当成5个师呢！我看呀，对我们说来，你比5个师的力量大得多。我现在正在研究你的工程控制论，用来指挥我们国家的经济建设。

记者拍下了毛泽东与钱学森交谈的照片。钱学森穿一身中山装，脸上漾着微笑。这张与毛泽东主席的合影，成为钱学森一生中的经典照片，也是钱学森一生中最难忘的时刻。

此后，毛泽东主席多次接见钱学森，充分表明毛泽东对钱学森的看重。

毛泽东对钱学森的信任与重视使其深受感动。国家领导人用自己的热情深深感动了钱学森。

担任国防部五院院长

　　1956年1月5日力学所成立，钱学森任第一任所长。1956年3月14日，周恩来主持军委常务会议，钱学森应邀列席。会上决定组建导弹航空科学研究的领导机构，即航空工业委员会，由周恩来、聂荣臻与钱学森负责筹备。4月13日，国务院成立了以聂荣臻元帅为主任的航空工业委员会，钱学森被任命为委员。

　　从此，火箭、导弹事业成了钱学森工作的重心。

　　后来的事实证明，中国航天之所以取得比别的行业更突出的成绩，很重要的一条就是有钱学森这样的技术领导抓科研、抓预研、抓试验。钱学森以他的远见卓识，制定了正确的发展规划，走出了一条多快好省的路。

　　10月8日，恰好是钱学森回归祖国一周年的日子，聂荣臻元帅亲自主持中国第一个火箭导弹研究院——国防部第五研究院的成立仪式。这一天也是对新中国156

1956年10月8日，钱学森任第五研究院院长。

名大学毕业生进行导弹专业教育训练班的开课纪念日。

研究院的200余人中，除了10多位战功赫赫的将帅部长，还有156位刚刚走出校门的应届大学毕业生。当时的状况是：人员不懂技术，缺乏图书资料，没有仪器设备，一切从头开始。

钱学森抓的第一件事是举办"扫盲班"。20多位专家没有见过导弹，156名大学生更是各学各的专业，就是没有学过导弹。

钱学森主讲《导弹概论》，内容包括人造卫星与导弹概论。每期7讲，一连举办3期。

钱学森出任中国运载
火箭技术研究院首任院长

对于专家们，钱学森将他们集中到寓所，开小课，一起讨论技术上的疑难问题。

在1942年加州理工学院喷气技术训练班授课14年之后，钱学森为能在自己的国家培养我国第一批火箭、导弹技术人才，感到无比激动。这批受训的大学生，后来成为我国火箭、导弹与航天技术队伍的骨干。

国防部五院成立之后，我国导弹、火箭技术究竟选择一条什么样的发展道路?聂荣臻在向中央的报告中指出了我国导弹的研究应采取的方针：自力更生为主，力争外援和利用费本主义国家已有的科学成果。

10月17日，毛泽东、周恩来批准了这个方针。这就是国防部五院的建院方针。

根据我国"先仿制，后改进，再自行设计"的导弹发展方针，中国向苏联提出了有关国防尖端援助的要求，为此，以聂荣臻为团长的谈判代表团于1957年9月抵达

钱学森（中）和苏联专家在一起

莫斯科。

钱学森作为代表团成员参加了中苏《关于生产新式武器和军事技术装备以及在中国建立综合性的原子工业的协定》的签字仪式。

在这次谈判中，协议规定，苏方从1957年至1961年底，除供应4种原子弹样品与技术资料外，还允诺在1960年至1961年间供给射程达1000公里的导弹技术资料。

当时的中苏关系，还处于"蜜月期"，中国的航天事业得到苏联方面的技术援助，苏联曾经"送给"中国两枚P-2近程导弹。

"1059"导弹的诞生

1958年6月，苏联提供的第一批P-2导弹武器系统的图纸资料运抵我国。钱学森带领国防部五院，立即组织技术人员投入了紧张的翻译和复制工作。

1960年，第一枚仿制的"1059"近程导弹发射成功。

北京的7月是盛夏季节，酷热难当。但是翻译人员在十分艰苦的条件下，日夜兼程地工作。经过突击译制，第一批P-2导弹的图纸资料很快翻译完成，并下发到承制工厂。

8月，苏联导弹专家陆续来华，具体指导仿制工作。9月，国防部五院正式将P-2导弹在我国的

> 1957年9月，钱学森等随聂荣臻赴苏联谈判引进导弹问题。

仿制型号命名为"1059"（后命名为"东风-1号"），意思是1959年10月完成仿制，并进行首次飞行试验。

1959年，苏联单方面撕毁中苏合作发展核武器的协定，1960年，苏联撤走了援华的全部专家，撕毁全部257个科技合同，包括给我们提供原子弹、火箭、导弹样品的合同。给正在进行中的中国核弹研制工作造成了巨大损失和严重困难。

就在这紧要关头，中共中央毅然决定：自己动手，从头摸起，准备用8年时间，把原子弹研制出来。

毛泽东明确指出：要下决心搞尖端技术。赫鲁晓夫不给我们尖端技术，极好！如果给了，这个账是很难还

钱学森在莫斯科

的。

面对重重困难，导弹研制人员没有退缩，他们百折不挠，用自己的聪明才智和忘我的工作精神，把一个又一个困难踩在了脚下。

经过我国导弹设计工程技术人员与工人们的艰苦奋战，1960年2月5日，导弹的第一个大部段，即酒精贮箱仿制成功。接着，其余7个大部段也相继完成。

一个多月后，由我国导弹技术人员自行设计并施工安装的国内第一座大型导弹发动机试车台竣工验收，并利用苏制P-2导弹发动机成功地进行了初级点火试车。

与此同时，"1059"导弹发射所用国产推进剂的理化性能已经分析、测定完成，弹上仪器和地面设备等关键技术也取得了重大进展。

1960年10月23日零时45分，一趟由18节客、货和特种车箱组成的专列，满载"1059"导弹和仪器、地面设备与特种车辆，以及发射试验人员从北京起程，秘密驶向酒泉导弹试验靶场。

1960年11月5日，是我国历史上永远值得纪念的一天。

试飞就要开始了。聂荣臻亲临发射场为首次飞行试验剪彩。钱学森与聂荣臻并排坐在一起。他望着导弹发射架，心情无法平静下来。

严格说来，这仅是一枚"描红弹"。虽然零部件基本上都是中国自己制造的，但那是一种仿制，是照苏联样品弹画的"瓢"。但是，正在仿制期间，苏联当局背信弃义，在我们有些零部件还没有完全仿制成功的

"东风—1号"导弹

节骨眼上，他们便提前撤走了专家。

现在，这个仿制品即将接受全面的考核。它能够经受住考验吗？

9时2分28秒，发射指挥员下达了点火命令。随着一声惊天动地的轰鸣，发射台周围腾起一股浓烟，导弹的尾部向下喷吐出橙红色的火焰，随即拔地而起，直刺蓝天。这时，发射场上空天气晴朗，能见度很好。几秒钟后，垂直上升的导弹开始程序转弯，向远方飞去。与此同时，指挥中心不断传来各跟踪台站"发现目标，飞行正常"和"跟踪良好"的报告。

钱学森从发射指挥控制室的座位上缓缓地站了起来。但他的那颗悬着的心仍没有放下。

"火箭命中目标！"终于，弹着区传来了振奋人心的喜讯！

这枚代号叫"东风-1号"的火箭全程飞行550公里407米，历时7分37秒。

当弹着区发回发射成功的报告时，导弹发射场变成了一片欢腾的海洋，掌声和欢呼声响成一片。

这是第一枚由中国自己设计制造的短程弹道导弹。1960年11月5日，是中国导弹发展史上具有里程碑式的日子，中国人民终于拥有了"两弹"中的一弹，从此结束了没有导弹武器的历史。

自行设计"东凤-2号"导弹

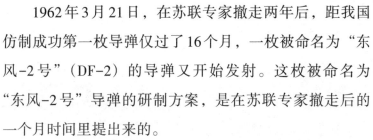

1962年3月21日，在苏联专家撤走两年后，距我国仿制成功第一枚导弹仅过了16个月，一枚被命名为"东风-2号"（DF-2）的导弹又开始发射。这枚被命名为"东风-2号"导弹的研制方案，是在苏联专家撤走后的一个月时间里提出来的。

钱学森与战士们

"东风-2号"导弹

在钱学森的领导下，中国航天专家们发愤图强，励精图治，把生气变成了争气，只用了短短一个月时间，便完成了总体设计方案。

1962年春节前夕，"东风-2号"导弹发动机试车成功。

1962年春节之后，"东风-2号"导弹装上列车，从北京运往酒泉发射场。

1962年3月21日，"东风-2号"导弹竖立在酒泉发射场，一切就绪，准备发射。

当时，聂荣臻元帅亲临酒泉发射场，而钱学森在北京指挥总部坐镇。

然而，对待科学技术，可来不得意气用事。意气用事便难免出差错。当发射场控制室发出"15分钟准备"的号令时，按规定要待在掩蔽部里的科技人员们，激动得再也顾不得掩蔽，一个个偷偷跑了出来。

"牵动！"

"开拍!"

"点火!"

导弹像一只美丽的金凤凰,在烈焰中冉冉飞升。

"成功了!"偷跑到战壕里来的人们兴奋得又蹦又跳又扔帽子。

然而,高兴得太早了,"成功了"的话音还没有落地,导弹忽然脱离了预定的轨道向北偏飞。

刹那间,导弹突然坠落下来,把离发射台仅600米远的荒沙滩砸了个20米的深坑,接着便升起了一团不大不小的蘑菇云。

钱学森(左四)到发射中心指导发射任务

1963年12月22日，钱学森在安徽广德火箭基地。

现场所有人都呆了，僵了。发射场上一片死寂。

钱学森急急从北京乘专机赶往酒泉基地，他的内心压力也很大，但是到了现场他还是镇定地给大家鼓劲。

钱学森认为，导弹失败的原因，就是在于上天之前，没有在地面上进行充分的试验。必须建设一批导弹测试设备。只有在上天之前做好充分的地面测试，才能保证导弹上天万无一失。

钱学森提出的这一原则，后来成了中国火箭、导弹研制不可动摇的原则，一直沿用至今。

1964年6月29日7时，修改后的"东风-2号"中近程地对地导弹又重新屹立在酒泉靶场的发射台上。

钱学森作为发射现场最高技术负责人与现场总指挥张爱萍并肩站在发射场的指挥室内。地下控制室内静穆庄重。经历了曲折后的人们沉着镇静，不再像上次那样冒冒失失的了。

"点火！"

随着一声响彻大地的巨雷，导弹腾空而起，扶摇直上。它喷着长长的火舌，按预定的弹道向目标区飞去。

在北京总部，中央领导同志很快接到了现场总指挥张爱萍打来的电话：

中国人民解放军第二炮兵装备部等单位向青海原子城国家级爱国主义教育示范基地捐赠了"东风-2号"甲导弹弹体。

「东风-2号」导弹

"'东风-2号'地对地导弹，经与钱学森同志共商，于今晨7时5分正式发射。发射很成功，很顺利！"

我国第一个自行设计的中近程导弹进行飞行试验获得成功。

7月9日、11日，又连续发射两枚"东风-2号"，均获圆满成功！

从1966年起，"东风-2号"导弹开始装备部队，成为第一种投入实战的中国自己设计、自己研制的中近程地对地导弹。

两弹结合爆炸第一颗原子弹

　　1956年，我国制定科学技术发展12年远景规划，把发展原子能事业列为第一项重要任务。同年，核工业部成立，钱三强任副部长，分管原子能的科研工作。为了使我国的原子弹、氢弹早日爆炸成功，钱三强认为："要把最好的人，放到最重要、最需要的工作岗位上。"于是王淦昌、彭桓武走上了研制原子弹、氢弹的"秘密历

　　邓稼先，杰出科学家、中国"两弹"元勋，参加组织和领导我国核武器的研究、设计工作，是我国核武器理论研究工作的奠基者之一，被称为"中国原子弹之父"。

　　钱三强是第二代居里夫妇的学生，又与妻子何泽慧一同被西方称为"中国的居里夫妇"，他是中国发展核武器的组织协调者和总设计师，中国"两弹一星"元勋。1948年春，钱三强回国前夕在巴黎与约里奥·居里夫妇合影。

程",成为原子弹、氢弹的学术带头人。力学专家郭永怀承担起了核武器爆炸力学的研究工作,在原子弹总体设计、环境试验和飞行试验等方面作出了重要贡献。后来,经钱三强推荐,朱光亚、邓稼先、周光召、于敏等一批优秀科学家先后走上了"秘密历程"。

中国研制原子弹,苏联持反对态度,但出于中苏友好关系考虑,曾答应给中国提供一些技术帮助,此后,苏方总是找出种种借口拖延。种种迹象表明,苏方对中国研制原子弹是不会提供任何帮助的。难道离开苏联,中国就一事无成吗?焦虑中的毛泽东想到了两位科学家,这便是钱三强和钱学森。

1958年夏末的一个上午,毛泽东在中南海寓所里接见了钱三强和钱学森。

毛泽东说:"制造原子弹,我们只能把立足点放在国内,三强同志,你是原子能专家,你谈谈,我们还有什么困难?"

钱三强实事求是地说:"搞原子弹需要大量的费用、人力、物力、技术、工业基础等,是无法估计出来的。总之,数目是惊人的。"

为了让毛泽东听得更明白,他打了一个比方:"这样说吧,要研制成功一颗原子弹,这将等于是一次战争的代价。"

工作中的钱学森

毛泽东感叹地说：无论花多大代价我们也要搞啊，没有这个东西，人家就说你不算数。

他又把目光转向钱学森，要钱学森谈谈搞原子弹的意见。

钱学森说："主席，目前我的精力正在考虑火箭和导弹，但对原子弹研究也谈点不成熟的意见。看来，要组织全国的大协作，核弹是现代多种科学技术成果的高度结晶，是一项十分复杂而又庞大的系统工程，所有的研究工作，不可能由一两个单位或部门统统包揽下来完成。所以，我建议能否成立一个专门攻克核弹技术难关的研究机构。"

毛泽东立即表示赞同："搞原子弹，包括我们的火箭、导弹和卫星，还有核潜艇，都应该有大协作的精神。"

这次谈话后不到两个月，中央决定将国防部第五研究院与航空工业委员会合并，成立中国人民解放军国防科学技术委员会。专委会的成立，标志着原子弹的研制由国家战略上升到了国家行动，从此，原子弹的研制步入了快车道。

1963年3月，原子弹理论设计方案出来了。

1964 年 10 月 16 日，中国第一颗原子弹爆炸成功。

实验科研人员经过上千次的爆轰试验，于12月24日爆轰出中子。

西北铀浓缩厂在攻克了一个又一个技术难关后，于1964年1月14日生产出可以作为原子弹装料的合格的高浓铀产品。

关键性技术试验的成功和关键性生产的完成表明，中国距爆炸第一颗原子弹已为时不远。

1964年10月16日北京时间14时59分40秒，历史性的时刻到了，主控制站技术人员按下决定历史的电钮，10秒钟后，自动控制系统进入自动控制状态，这时倒计时从10到零点顺序跳动。这10秒是扣动人们心弦的10

核爆成功后，张爱萍（右一）向北京报告。

原子弹成功爆炸后，核试验基地官兵激动欢呼。

秒，因为在10秒内原子弹从雷管点火，炸药起爆开始，能量向内心聚焦，高温高压压缩铀235材料，核材料达到超临界值，中子轰击原子核，原子核产生裂变，释放出大量能量。在短暂的寂静之后，突然，铁塔那里迸发出强烈的耀眼的光。顿时，金光喷发，火球凌空达3秒钟，接着升腾起一个巨大的太阳般的火球，冲击波如同飓风般席卷开来，随后，传来了惊天动地的爆炸声。巨大的蘑菇云翻滚而起，上升距地面7000米至8000米高空。

看到徐徐上升的蘑菇云，整个指挥所里的人们都欣喜若狂。

原子弹、导弹"两弹结合"

第一颗原子弹爆炸时采用的是"地爆"方式，因此还不具备真正意义上的核威慑、核反击能力。在这样的情况下，使用飞机投掷原子弹，实现"空爆"，被提上我国核试验的议事日程。

第一颗原子弹爆炸成功后，钱学森当即向聂荣臻提出："既然原子弹成功了，我们就可以用改进了的中程运载火箭把核弹头送上天。"

这一建议得到了聂荣臻的赞同。

于是，钱学森率领一批火箭专家，展开了对提高火箭战术技术性能的攻关，使射程、精度更能符合实战要求。

在抓紧研制运载工具的同时，钱三强领导的核科学家也正在争分夺秒地研制核弹头。

1965 年 5 月 14 日，我同用猎式轰炸机在预定区域、预定高度投下了一枚威力很大的小型核弹，这是中国进行的第二次核试验，它使导弹核武器的研制上迈进了一大步。

中国第一颗原子弹爆炸成功后，欧美一些人在震惊之余，又不无傲慢地说："中国没什么了不起，他们把原子弹搞出来了，但把它用于实战还为时尚早，可以说，中国是有弹无枪。"

外国人太低估中国了。经过5年的风风雨雨，我国

孙文超绘画《亲切的关怀——毛主席接见科学家李四光、钱学森》

中国第一颗氢弹模型

自行研制的小型原子弹空投试验获得圆满成功。

钱学森根据中央确定的以导弹弹头为主、空投弹为辅的核武器研究方向，适时地提出了"两弹结合"的设想，即"东风-2号"导弹与核弹头的对接发射。

1966年9月，原子弹、导弹"两弹联姻"的试验准备工作就绪。

这次试验又是一次热试验，也是世界核试验史的头一次，自然引起了毛泽东和中共中央的高度关注。毛泽东亲自听取聂荣臻和钱学森关于试验的准备工作情况的汇报。

钱学森和他的同事们精心设计，研制人员配套协调，在毛泽东和周恩来的直接关心下，经过两年的努力，一枚中近程导弹运载原子弹全部组装完毕。

1966年10月27日凌晨，随着发射电钮的按下，火箭像一条巨龙腾空而起，在电闪雷鸣、烈焰翻卷中，载着核弹头，飞向苍茫天际。

不久，传来核弹准确命中目标的消息。

"两弹联姻"试验成功了！这次史无前例的试验标志着中国开始有了用于自卫的导弹核武器。

1967年6月17日，在罗布泊大漠上空，中国第一颗氢弹成功爆破。

从原子弹到氢弹，中国只用了两年零八个月的时间，创造了世界上最快的速度。

中国第一个核武器研制基地纪念碑静静地矗立在海北藏族自治州州府西海镇中心。

中国第一颗人造卫星发射

1958年的中共"八大"二次会议上，毛泽东说，中国也要搞人造卫星。而且，我们要搞就要搞大的，鸡蛋那么大的我们不抛。

中国科学院将研制人造卫星列为1958年的重点任

钱学森就苏联发射人造卫星接受记者采访

务。这项绝密的工作被定为代号"581"任务。"581小组"的组长是钱学森，副组长是赵九章。

赵九章于1938年获得同柏林大学博士学位。回国后历任清华大学、山南联合大学、中央大学教授。是中国动力气象学、地球物理学和空间物理学的奠基人，此时任中国科学院地球物理研究所所长。一时间，中科院内热气腾

赵九章于1938年获德国柏林大学博士学位。回国后历任清华大学、西南联合大学、中央大学教授。是中国动力气象学、地球物理学和空间物理学的奠基人。

腾，调兵遣将，数十个研究所共同组建了三个设计院。

"两弹"的成功，意味着在一定程度上解决了发射卫星的工具问题。

1965年8月，周恩来主持中央专委会议，原则上批准了中国科学院《关于发展我国人造卫星上作规划方案建议》，确定将人造卫星研制列为国家尖端技术发展的一

1978年8月，钱学森来到全国青少年航空夏令营营地，为青少年签名留念。

项重大任务。

因为这一计划是1月份正式提出建议，国家将人造地球卫星工程的代号定名为"651"任务。全国的人、财、物遇到"651"均开绿灯，这样，中国卫星就从全面规划阶段，进入工程研制阶段。

这个代号为"651"的会议上确定：中国第一颗人造卫星为科学探测性质的试验卫星，其任务是为发展中国的对地观测、通信广播、气象等各种应用卫星取得基本经验和设计数据；发射时间定在1970年。成功的标志是：

上得去、抓得住、看得见、听得到。

"上得去"，便是发射成功。"抓得住"，即是准确入轨。难就难在"看得见""听得到"。

"为了让大家看到，后来在末级火箭上加一个特殊材料制成的'围裙'，卫星上去之后，末级火箭脱离，'围裙'撑开有几十米，大面积反射太阳光，与卫星一前一后，速度轨道差不多，容易看到，所以大家当时用肉眼看到的是带着'围裙'的末级火箭，并非卫星本身。"

解决了"看得见"的问题，"听得见"的问题也让科

1970年4月24日，中国第一颗人造地球卫星"东方红－1号"发射成功，使中国成为继苏、美、法、日之后的第五个能独立发射卫星的国家。

装载《东方红》音乐装置和遥测装置的盒子

学家们费尽了心思。钱学森提出："卫星绕地球转的时候，能不能让亚非拉的人民也用普通收音机收听?"

研究人员经过研究发现，如果要让普通收音机收到，用地面站通过中央人民广播电台给转播一下，是一个现实可行的办法。转播什么呢? 光听工程信号，嘀嘀嗒嗒，老百姓听不懂。播送文字，外国人也听不明白。合适的只是歌曲，最能传达中国特色的，无疑是《东方红》。按这个方案向钱学森汇报，钱学森也支持，并叫人写了一个报告，呈交聂荣臻。

聂荣臻同意后报中央，中央予以批准，但只让卫星播放"东方红，太阳升，中国出了个毛泽东"这前8个小节。

1967年初，周恩来与聂荣臻采取了一系列措施，宣布组建中国空间技术研究院，钱学森任院长，编入军队序列。

1968年2月，国务院明确指定：651总抓，由国防科委负责，钱学森参加。所以，在651工程中，钱学森实际上是担负大总体，即星、箭、地面系统总的技术协调和组织实施工作。

在运载火箭方面，钱学森提出了一个更为快捷的实施方案。他建议充分利用已有导弹和探空火箭的技术基

钱学森

1986年6月27日，中国科协三大会议选举著名科学家钱学森(右二)担任新的科协主席。

础，将二者结合起来，组成发射卫星的运载火箭。后来的事实证明，他的这个研制思路是完全正确的。

经过艰苦的工作，1970年元月，"东风–4号"发射成功，并顺利实现高空点火和两级分离。

至此，第一颗人造卫星的运载火箭问题基本解决。

在卫星方面，钱学森的任务也十分繁重，对钱学森压力最大的，莫过于"一次成功"的要求，为此，钱学森多次听取汇报，不厌其烦地将每次汇报中所反映的大大小小所有问题都一一详细记录下来，并一一落实解决。

经过两个多月的紧张准备和试验，1970年4月24日

21时35分，酒泉卫星发射中心，音喇叭里传出指挥员那洪亮的"点火"口令。

地下控制室发射控制台前的胡世祥，按下火箭"点火"的按钮，瞬间，载有"东方红–1号"卫星的运载火箭的发动机喷射烈焰，火箭伴随着轰鸣声腾空而起冲向天空。

15分钟后高音喇叭里传出测控系统报告"星箭分离"，"卫星入轨"的消息。

"东方红–1号"卫星发射成功了！《东方红》乐曲环绕太空、响彻全球！

大家欢欣跳跃，相互拥抱祝贺，泪水和汗水交织在一起。

1959年，国际技术与技术交流大会授予钱学森"小罗克韦尔"奖章、"世界级科学与工程名人"和"国际理工研究所名誉称号"。

1970年4月25日18时，新华社受权向全世界宣布：

1970年4月24日，中国成功地发射了第一颗人造卫星。

这是中国自行研制的"长征-1号"三级运载火箭发射成功的第一颗自行设计制造的人造卫星。

卫星初始运行轨道距离地球表面最近点，高度439公里，距离地球表面最远点，高度2384公里，轨道平面与地球赤道夹角68.5度。卫星外形为近似球面直径1米的72面体！卫星重量173公斤。

用20.009兆赫的无线电频率播放《东方红》乐曲。

当卫星通过北京上空时，人们争相眺望。

这是我国继苏联、美国、法国和日本之后，成为世界上第5个能够独立研制和发射人造地球卫星的国家。

中国发射的这颗卫星的重量，比上述4个国家第一颗卫星的重量总和还要多。其跟踪手段、信号传递方式、星上温度控制系统也都超过上述4个国家第一颗卫星的水平。

成功发射后人民日报联合解放军报发布的喜报

25日的《人民日报》上，整版刊登了卫星经过祖国各地上空的时间表：几时几分过天津，几时几分过广州，几时几分过上海……当天20时30分，卫星经过北京上空。

长安街华灯怒放，人群像潮水一样涌向天安门广场，一边敲锣打鼓，高喊着口号，一边伸长脖子，在满天繁星里搜寻那颗移动着、闪烁着的小星星。那一夜，几乎所有的中国人都走出户外，仰望星空，寻找着一颗移动的星——中国发射的第一颗人造地球卫星。人们欢呼着，好多人拿着收音机在倾听着那世间最美妙的乐曲——《东方红》。声音是如此的悦耳，没有丝毫的杂音，似乎每隔几分钟就传送一次。

为了强大的国防

　　我们知道，如果没有"东方红-1号"卫星的上天，就没有"神舟六号""神舟七号"载人飞船顺利升空，也谈不上"嫦娥一号"绕月卫星，即我国的第一颗月球卫星。从第一颗人造卫星进入太空以来，我国的空间技术

钱学森和夫人在授予"国家杰出贡献科学家"称号的颁奖仪式上

1991年4月27日，新当选的中国科协主席朱光亚和上届主席、新当选的科协名誉主席钱学森（左）在中国科协"四大"代表大会上。

进入了一个新时代。

从1970年到1987年，钱学森参与组织实施我国导弹航天技术领域重大型号研制和发射试验，并开始从更高层次思考其他领域诸多重大科学和技术问题，提出了许多创新、超前的思想。1971年3月，组织完成"实践一号"卫星发射试验，首次获得我国空间环境探测数据，为我国研制应用卫星、通信卫星积累了经验。1972年至1976年，钱学森同志参与组织领导了运载火箭和洲际导弹研制工作，提出了建立导弹航天测控网概念；领导设计制造了我国第一艘核动力潜艇；组织启动了远洋测量

2005 年 10 月 16 日，国务院、中央军委在北京举行仪式，授予钱学森"国家杰出贡献科学家"荣誉称号和"一级英雄模范奖章"。这是钱学森在仪式上讲话。

船基地建设工程；指挥成功发射了我国第一颗返回式卫星，使我国成为继美国、苏联之后第三个掌握卫星回收技术的国家。

进入改革开放新时期，钱学森同志先后于 1980 年 5 月、1982 年 10 月、1984 年 4 月参与组织领导了我国洲际导弹第一次全程飞行、潜艇水下发射导弹和地球静止轨道试验通信卫星发射任务，为实现我国国防尖端技术的新突破建立了卓越功勋。

他潜心研究的工程控制论、系统工程理论，广泛应用于军事、农业、林业乃至社会经济各个领域的实践活动，在我国现代化建设中发挥了重要作用。他敏锐把握信息技术对人类社会发展的深远影响，积极倡导信息技术研究应用和信息产业发展，为推动军队信息化建设作出了重要贡献。

在控制科学领域，1954年，钱学森发表《工程控制论》的学术著作，引起了控制领域的轰动，并形成了控制科学在20世纪50年代和60年代的研究高潮。1957年，《工程控制论》获得中国科学院自然科学奖一等奖。同年9月，国际自动控制联合会（IFAC）成立大会推举钱学森为第一届IFAC理事会常务理事。他也成为该组织第一届理事会中唯一的中国人。

在应用力学领域，钱学森在空气动力学及固体力学方面做了开拓性研究，揭示了可压缩边界层的一些温度变化情况，并最早在跨声速流动问题中引入上下临界马赫数的概念。1953年，钱学森正式提出物理力学概念，

钱学森在讨论"七五"计划草案时发言

2002年12月30日，"神舟四号"无人飞船在酒泉卫星发射中心载人航天发射场发射升空。

主张从物质的微观规律确定其宏观力学特性，开拓了高温高压的新领域。

在系统工程和系统科学领域，钱学森在20世纪80年代初期提出国民经济建设总体设计部的概念，坚持致力于将航天系统工程概念推广应用到整个国家和国民经济建设，并从社会形态和开放复杂巨系统的高度，论述了社会系统。他发展了系统学和开放的复杂巨系统的方法论。

在思维科学领域，钱学森在20世纪80年代初提出创建思维科学技术部门，认为思维科学是处理意识与大脑、精神与物质、主观与客观的科学，推动思维科学研究是计算机技术革命的需要。他主张发展思维科学要同人工智能、智能计算机的工作结合起来，并将系统科学方法应用到思维科学的研究中，提出思维的系统观。

钱学森曾获中科院自然科学奖一等奖、国家科技进步奖特等奖、小罗克韦尔奖章和世界级科学与工程名人称号，被国务院、中央军委授予"国家杰出贡献科学家"荣誉称号和一级英模奖章，荣获中共中央、国务院、中央军委颁发的"两弹一星"功勋奖章和"中国航天事业五十年最高荣誉奖"，被评为"2007年感动中国年度人物"和"100位新中国成立以来感动中国人物"，荣获2008影响世界华人盛典终身成就奖。

由于钱学森对中国火箭导弹和航天事业发展的重大贡献，被誉为"中国航天之父"。

2009年10月31日上午8时6分，钱学森在北京逝世。

2005年10月12日，航天员费俊龙、聂海胜乘坐"神舟六号"飞船飞上太空。